The Wheels

The Friendship Race

Друзі на колесах

Гонка друзів

Inna Nusinsky

Illustrated by Michael Jay Roque

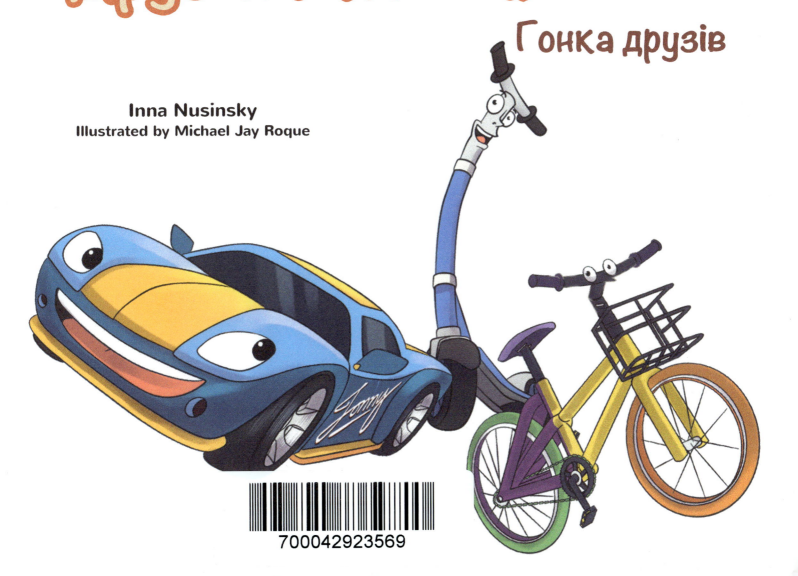

www.kidkiddos.com

Copyright©2015 by S. A. Publishing ©2017 by KidKiddos Books Ltd.
support@kidkiddos.com

Translated from English by Yuliia Vereta
З англійської переклала Юлія Верета
Ukrainian editing by Oksana Kogut
Українською відредагувала Оксана Когут

Library and Archives Canada Cataloguing in Publication Data
The Wheels: The Friendship Race (English Ukrainian Bilingual Edition)
ISBN: 978-1-5259-3356-1 paperback
ISBN: 978-1-5259-3357-8 hardcover
ISBN: 978-1-5259-3355-4 eBook

Please note that the Ukrainian and English versions of the story have been written to be as close as possible. However, in some cases they differ in order to accommodate nuances and fluidity of each language.

Jonny the car looked at himself in the shop window. How handsome he was! And what speed – he could beat even race cars!
Автомобільчик Джонні дивився на своє відображення у вітрині. Який же він гарний! І який швидкий - він би обігнав навіть гоночну машину!

"I'm the pride of the neighborhood," he yelled.
– Я гордість усієї округи! – вигукнув він.

Just then, two braking sounds broke his daydream.
Але тут його мрії перервав звук гальм.

There were his friends: Mike the bike and Scott the scooter.
Це були його друзі: велосипед Майк і самокат Скотт.

"Hey Jonny!" his friends said. "What's up?"
– Привіт Джонні! – сказали вони. – Чим займаєшся?

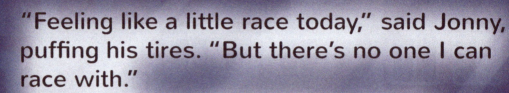

"Feeling like a little race today," said Jonny, puffing his tires. "But there's no one I can race with."

– Я хотів би влаштувати сьогодні невелику гонку, – сказав Джонні, пихкаючи шинами. Але мені немає з ким змагатися.

"We can race with you!" said Mike with excitement.
– Ми можемо змагатися з тобою в гонках! – схвильовано сказав Майк.

"That's what friends are for!" added Scott.
– Для цього і потрібні друзі! – додав Скотт.

Jonny didn't show much enthusiasm. "Mmm... A champion needs an equal to compete with."
Джонні не виявив особливого ентузіазму. - М-м-м... чемпіон потребує рівного суперника.

Mike and Scott looked at each other.
Майк і Скотт переглянулися.

"Are we not good?" asked Mike.
– Хіба ми не хороші? – запитав Майк.

"Oh, you're good," Jonny made a face in the glass window. "But not good enough."
– О, ви хороші, – Джонні скорчив гримасу у віконному склі. – Але недостатньо хороші.

"Okay, Jonny," said Scott. "We challenge you to a race right now! Let's do Hill Road and see who finishes first."

– Гаразд, Джонні, – сказав Скотт. – Ми викликаємо тебе на гонку прямо зараз! Нумо поїдемо Горбастою Дорогою і подивимося, хто фінішує першим.

Jonny considered it with a smirk.

Джонні з усмішкою подивився на нього.

As they reached Hill Road, the race began.
Коли вони дісталися до Горбастої Дороги, почалася гонка.

It started with a steep climb. Jonny roared and in seconds was over the incline.
Дорога починалася з крутого підйому. Джонні заревів і через кілька секунд уже був на схилі.

Mike the bike was already half way... But poor Scott the scooter was huffing and puffing, slowly climbing up.
Велосипед Майк був уже на півдорозі... але бідний Скотт скутер пихтів і крехтів, повільно піднімаючись угору.

Jonny reached the hill and stopped. He looked at the rearview mirror – his friends were far behind.

Джонні дістався до пагорба і зупинився. Він подивився в дзеркало заднього виду - його друзі залишилися далеко позаду.

He was bored. At least the music on the radio was good! He closed his eyes and started moving to the beat.

Йому було нудно. Принаймні музика по радіо була хорошою! Він заплющив очі і почав рухатися в такт музиці.

Suddenly, something whirred past him. There was only smoke. Mike?

Раптом щось просвистіло повз нього. Там був тільки дим. Майк?

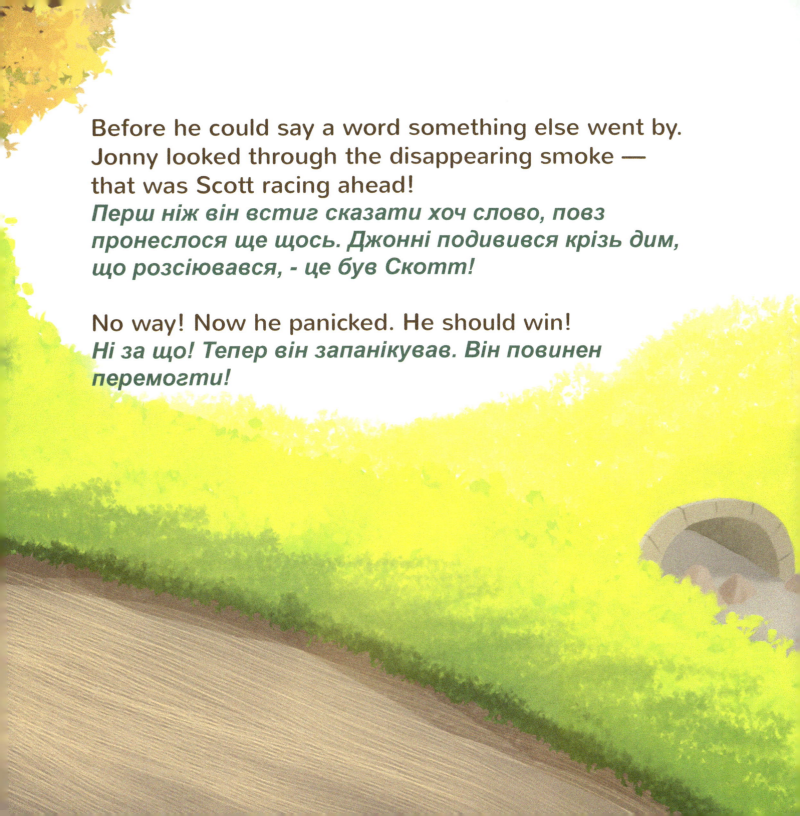

Before he could say a word something else went by. Jonny looked through the disappearing smoke — that was Scott racing ahead!
Перш ніж він встиг сказати хоч слово, повз пронеслося ще щось. Джонні подивився крізь дим, що розсіювався, - це був Скотт!

No way! Now he panicked. He should win!
Ні за що! Тепер він запанікував. Він повинен перемогти!

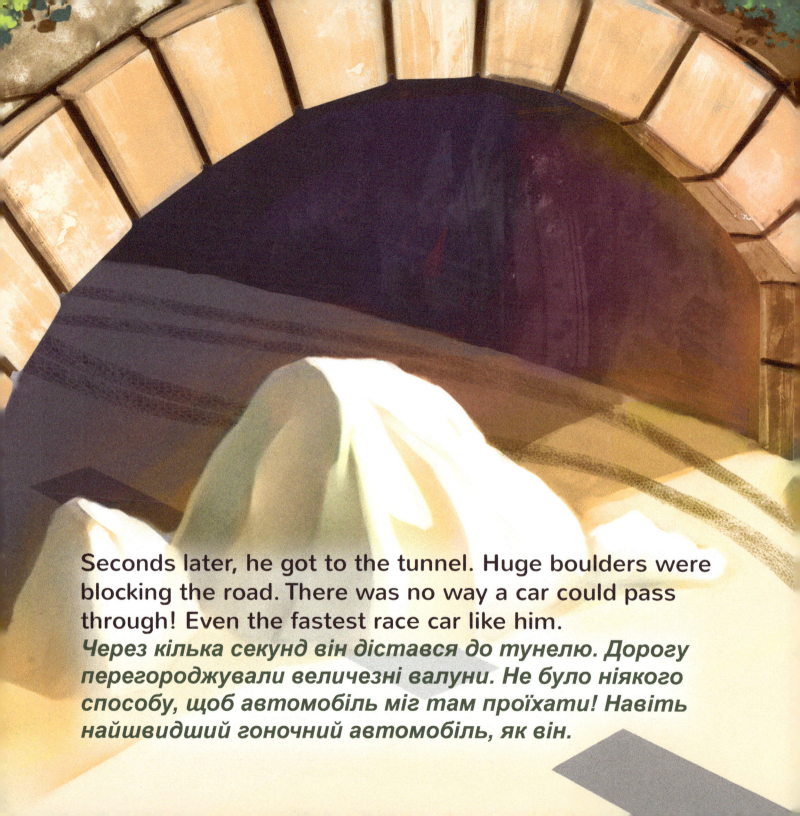

Seconds later, he got to the tunnel. Huge boulders were blocking the road. There was no way a car could pass through! Even the fastest race car like him.

Через кілька секунд він дістався до тунелю. Дорогу перегороджували величезні валуни. Не було ніякого способу, щоб автомобіль міг там проїхати! Навіть найшвидший гоночний автомобіль, як він.

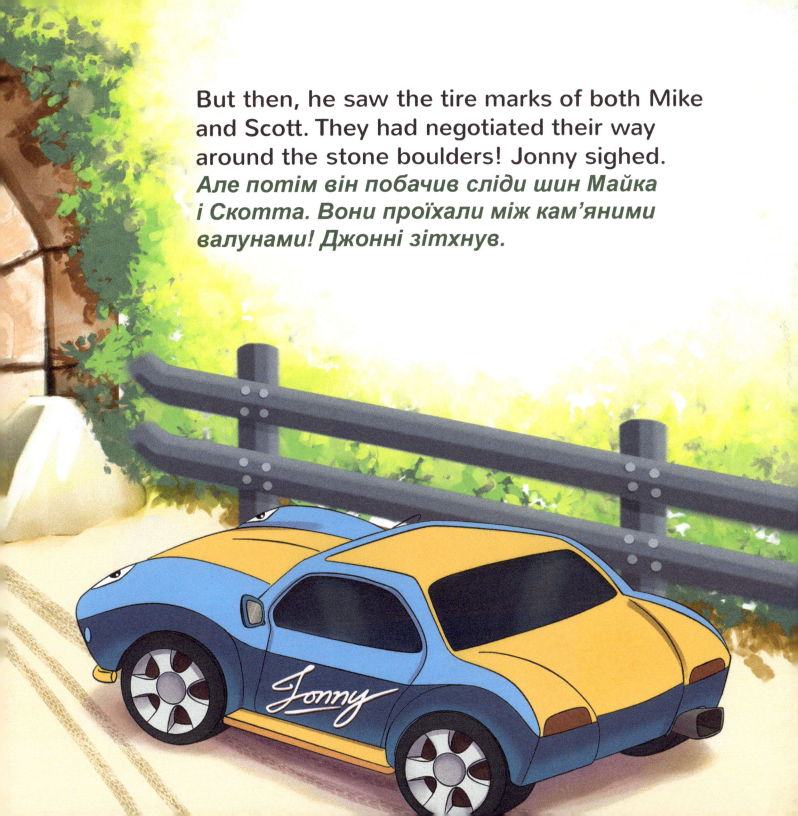

But then, he saw the tire marks of both Mike and Scott. They had negotiated their way around the stone boulders! Jonny sighed.

Але потім він побачив сліди шин Майка і Скотта. Вони проїхали між кам'яними валунами! Джонні зітхнув.

Meanwhile, Mike came out on the other side of the tunnel. He was leading.

Тим часом Майк виїхав з іншого боку тунелю. Він був попереду.

What kind of a win is that when your friends lose? he thought.

Що це за перемога, коли твої друзі програють? – задумався він.

In seconds, Scott was next to him.

Через кілька секунд Скотт опинився поруч з ним.

"Why did you stop, Mike?" he asked. "You could've won the race!"

– Чому ти зупинився, Майк? – запитав він. – Ти міг би виграти гонку!

"Yeah but... Jonny could be stuck back there...." said Mike, looking towards the tunnel.

– Так, але... Джонні може застрягти там.... – сказав Майк, озираючись і дивлячись у напрямку до тунелю.

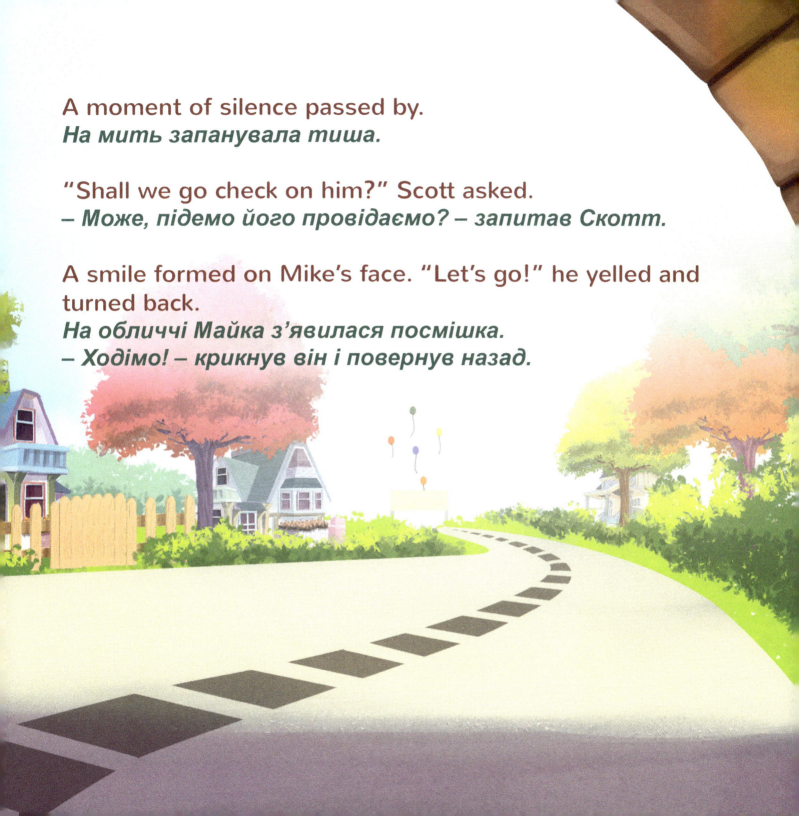

A moment of silence passed by.
На мить запанувала тиша.

"Shall we go check on him?" Scott asked.
– Може, підемо його провідаємо? – запитав Скотт.

A smile formed on Mike's face. "Let's go!" he yelled and turned back.
На обличчі Майка з'явилася посмішка.
– Ходімо! – крикнув він і повернув назад.

At the blocked tunnel, Jonny was sad. Not because he was losing the race but because he was lonely.
Джонні було сумно біля заблокованого тунелю. Не тому, що він програвав гонку, а тому, що був самотній.

Suddenly — sound of wheels. It was Scott and Mike!
Раптом почувся звук коліс. Це були Скотт і Майк!

"Mike, let's move these boulders so Jonny can pass," said Scott.
– Майк, давай зрушимо ці валуни, щоб Джонні міг проїхати, – сказав Скотт.

The friends started to work together, pushing the rocks out of the way.
Друзі почали працювати разом, відсуваючи каміння з дороги.

It wasn't easy, but they nudged and nudged and soon there was enough space for Jonny to squeeze through.
Це було нелегко, але вони всі штовхали і штовхали, і незабаром Джонні зміг протиснутися всередину.

Giggling, they reached the end of Hill Road.
Хихикаючи, вони дісталися до кінця Хілл-роуд.

"We've won the race—all of us!" exclaimed Mike and Scott.
– Ми виграли гонку – усі ми! – вигукнули Майк і Скотт.

Only Jonny was quiet. "I behaved badly with you," he admitted. "I realized it late, guys, that together we can do much more. Thank you, my friends, for helping me understand that!"

Тільки Джонні мовчав.

– Я погано поводився з вами, – зізнався він. – Я пізно зрозумів, хлопці, що разом ми можемо зробити набагато більше. Спасибі вам, друзі, що допомогли мені це зрозуміти!

Suddenly, there was applause and cheering for the wonderful bunch of three terrific friends…

Раптом пролунали оплески, що вітали цю чудову компанію трьох приголомшливих друзів…

Friends who discovered that none of them was as good as all of them.
Друзів, які зрозуміли, що жоден з них не був такий хороший, як усі вони разом взяті.

Lightning Source UK Ltd.
Milton Keynes UK
UKHW050720150622
404455UK00005B/76